蒙学浅注

冯式一　编注

中国社会科学出版社

图书在版编目(CIP)数据

蒙学浅注/冯式一编注. —北京：中国社会科学出版社，2013.8
ISBN 978 - 7 - 5161 - 3082 - 7

Ⅰ.①蒙… Ⅱ.①冯… Ⅲ.①国学—基本知识 Ⅳ.①Z126

中国版本图书馆 CIP 数据核字(2013)第 192089 号

出 版 人	赵剑英	
责任编辑	郭 鹏	
责任校对	李 莉	
责任印制	戴 宽	

出 版　中国社会科学出版社
社 址　北京鼓楼西大街甲 158 号（邮编 100720）
网 址　http://www.csspw.cn
　　　　中文域名:中国社科网　　010 - 64070619
发 行 部　010 - 84083685
门 市 部　010 - 84029450
经 销　新华书店及其他书店

印 刷　北京君升印刷有限公司
装 订　廊坊市广阳区广增装订厂
版 次　2013 年 8 月第 1 版
印 次　2013 年 8 月第 1 次印刷

开 本　880×1230　1/32
印 张　2.625
插 页　2
字 数　14 千字
定 价　29.00 元

凡购买中国社会科学出版社图书,如有质量问题请与本社联系调换
电话:010 - 64009791

孔子像

目　　录

序　言

李敏生[①]

　　冯式一先生是中国社会科学出版社资深美术编辑，自幼酷爱中国传统文化。多年来他追随著名学者袁晓园先生研究汉字文化，得到了袁先生的支持和赞扬。

　　他退休后非常关注中国传统文化启蒙读物的研究。他将《三字经》《千字文》《弟子规》等读物用韵文诗歌形式写出，是将国学入门读物的通俗化、普及化的一个有益尝试。

　　我们可以看出他将三字句改为五字，五言句改为七言等是颇具匠心、细微准确的，实质上是对《三字经》《千字文》《弟子规》等书的阐释和说明。这对初

---

　　① 中国社会科学院哲学研究所研究员、曲阜孔子书院院长。

1

学古文的读者很有帮助。

　　学习中国传统文化的启蒙读物对培养和提高人们的文化素质和道德水平很有必要。我们应欢迎和鼓励各种形式的注释、说明国学的读物的出现，冯式一先生的五言、七言注本读物作为一家之言，具有独特的新意，值得肯定。

孔子教导弟子

说　　明

————————

　　中国古代蒙学教材种类繁多，浩如烟海。《三字经》、《百家姓》、《千字文》流传最广，家喻户晓，千百年来成为学生必读的课本。其中《三字经》更是对儿童进行思想品德教育和传授基本知识的良师益友。由于时代所限书中封建内容不少，需要区分对待，有所取舍。取其精华，弃其糟粕，使之为我们这个时代服务。如今我国正在提倡对青少年进行优良的传统教育，这些教材仍能发挥积极的作用，值得深入研究探讨。但由于时代久远，文字内容艰深，青少年自学起来又有困难，不易接受。为此，我们将古体文言译成今体文字，并将每句字数扩展。《三字经》原文为每句三字，现将其改为五字，保持韵脚，使之方便读颂、容易记忆。故称之为"五言注《三字经》"。

　　《三字经》是古代儿童入学第一本教科书，作者是南宋王应麟，以后明清学者对本书又有增补而成现今的面貌。此书文字简洁、内容丰富。包括：人性伦常、数理自然、天文地舆、历史朝代、图书文化、教育思想等各方面。尤其在品德教育方面，书中列举众多古人事迹。如：孟母三迁、燕山教子、黄香温席、孔融让梨、孔子拜师、赵普勤学等事例，又如：苏洵晚学、梁灏晚成、文姬辨琴、刘晏正字等等。这些对今天我们倡导的"荣辱观"，学习古代优良传统都有一定的帮助。

当今，我国兴起学习古文，研究国学热潮，国外重视学习中文汉字、中华文化，相继成立孔子学院，热心提倡孔孟学说、华夏文明。国内国外需要大量有关的启蒙读物，相信本书定会起到抛砖引玉的作用。为推广汉字文化、中华国学作出贡献。

冯式一

2013 年 4 月写于杏坛居处

五言注《三字经》

人初生之时，人性本良善。
先天都近似，后天才渐远。
如果不教育，人性就要变。
教育的方法，重在使心专。
从前孟轲母，择邻曾三迁。①
孟轲不好学，割断织机线。
后晋窦燕山，方法不一般。
教育五个儿，各个美名传。②
养子不教育，父母的过错。
教育不严格，老师的懒惰。
孩子不学习，实在不相宜。

幼年不肯学，老年何所为。
玉石不雕琢，不能成玉器。
人若不学习，不能懂道理。
作为人之子，在少年之际。
要敬爱师友，要学习礼仪。
黄香九岁时，为父温枕席。③
对父母孝顺，必须要注意。
孔融四岁时，向兄长让梨。④
对兄长敬爱，应懂这道理。
首先学孝悌，其次学知识。
要懂得算术，要认识文字。
从一算到十，从十算到百。
从百算到千，从千算到万。
宇宙有三才，就是天地人。⑤
天上有三光，就是日月星。⑥
人间有三纲，群臣讲礼仪。⑦

父子要亲近，夫妇需和顺。
就说春和夏，还有秋和冬。
这叫做四时，运转永无穷。⑧
就说南和北，还有西和东。
这叫做四方，都对应着中。⑨
就说水和火，还有木金土。
这叫做五行，能构成万物。⑩
就说仁和义，还有礼智信。
这叫做五常，不允许含混。⑪
稻粱和豆类，麦黍和粟米。
这叫做六谷，人吃的粮食。⑫
就说马牛羊，还有鸡狗猪。
这叫做六畜，饲养的动物。⑬
欢喜和愤怒，悲哀和惊恐。
爱恶和欲望，这叫做七情。⑭
芦笙土埙鼓，木鱼石磬钟。

琴瑟和箫管，这叫做八音。⑮
高曾到祖父，父亲到己身。
己身到儿子，儿子到孙孙。
自子孙往下，到曾孙玄孙。
这叫做九族，就是人之伦。⑯
父子有恩情，夫妇需顺从。
哥哥应友爱，弟弟要恭敬。
长幼有顺序，朋友重友情。
君对臣敬重，臣对君尽忠。
这叫做十义，人人都相同。⑰
教育小学生，方法需讲究。
要解释字义，要弄清句读。
读书求学时，要有个开头。
小学读完了，开始读四书。⑱
论语这本书，共有二十篇。
孔丘的弟子，记载他言谈。⑲

孟子这本书，一共有七篇。
讲的是道德，说的是仁义。⑳
中庸这本书，是子思执笔。
中就是不偏，庸就是不移。㉑
大学这本书，是曾子所著。
有修身齐家，治国平天下。㉒
孝经读通了，四书读熟了。㉓
六经这类书，就可以读了。
诗书和易经，礼记和春秋。
号称为六经，应仔细研究。㉔
夏朝有连山，殷代有龟藏。
周朝有周易，易经共三样。㉕
体裁有典谟，又有训和诰。
还有誓和命，书经最深奥。㉖
周朝的周公，创作了周礼。
论六部官职，讲先代治体。㉗

大戴和小戴，评注过礼记。
记述圣人言，礼乐很详细。㉘
体裁有国风，大小雅和颂。
这叫做四诗，我们要读诵。㉙
采诗制消亡，春秋才写作。
笔法有褒贬，记事分善恶。
春秋有三传，一为公羊传。
二为左氏传，三为穀梁传。㉚
经书已读通，方能读子书。㉛
选主要著述，记其中事物。
子书有五种，有荀卿扬雄。
文中子王通，老聃和庄周。
经子都读过，学各种历史。
考帝王体系，知历代终始。
从伏羲神农，到轩辕黄帝。
号称为三皇，在上古之世。㉜

唐尧和虞舜，号称为二帝。㉝
互相让王位，称太平盛世。
夏朝有禹王，商朝有汤王。
周朝文武王，合称为三王。㉞
夏禹位传子，称为家天下。
传了四百年，夏朝政权垮。
商汤伐夏桀，国号称为商。
传了六百年，直到商纣亡。
周武王伐纣，建立周王朝。
传了八百年，统治最长久。
周平王东迁，政权已崩溃。
诸侯动刀枪，列国重游说。
开始于春秋，结束于战国。㉟
五霸齐逞强，七雄相争夺。㊱
嬴政秦始皇，兼并了六国。
传至秦二世，楚汉又相搏。

汉高祖兴起，创建汉帝国。
传至孝平帝，王莽把位篡。
光武帝复兴，称之为东汉。
两汉四百年，至献帝才完。
魏蜀吴兴起，争汉室政权。
号称为三国，直到东西晋。
自南宋南齐，到南梁南陈。
统称为南朝，建都在金陵。
北朝有北魏，又分东与西。
宇文氏北周，和高氏北齐。
待到隋朝时，天下才统一。
隋朝传一代，帝位便失去。
唐高祖李渊，起仁义之师。
清除隋朝乱，创国家根基。
传位二十代，历时三百年。
后梁灭掉唐，朝代才改换。

后梁后唐晋，后汉和后周。
统称为五代，都有其来由。
宋太祖兴起，后周让位宋。
传位十八代，北宋至南宋。
辽国和金国，先后都称王。
元朝灭金朝，又把宋灭亡。
在中国称帝，兼并戎与狄。
传了九十年，帝位便失去。
明太祖兴起，建国为大明。
年号为洪武，建都在南京。
待到明成祖，迁都到北京。
传位十七代，最后到崇祯。
宦官掌大权，流寇遍地生。
李闯王进京，结束了大明。
清太祖入关，即位受天命。
平靖四方乱，天下得安宁。

廿一部历史，全记在这里。
记治乱事实，知兴衰道理。
读史书的人，须考察实录。
要通晓古今，如亲眼过目。
口里应诵读，心里需记住。
早晨要探讨，晚上也研究。
从前孔夫子，拜项橐为师。³⁷
古代的圣贤，仍勤奋求知。
中书令赵普，最喜读论语。³⁸
他虽做了官，仍刻苦学习。
蒲草编成册，削竹抄春秋。
他们没书本，尚勤勉读书。
夜读绳悬头，困倦锥刺股。
不用人督促，自己能勤苦。
纱囊装萤火，雪光能照读。
家境虽贫苦，学习不能误。

担柴不释卷，牛角能挂书。
本身虽劳累，仍坚持苦读。
宋朝苏老泉，年已二十七。㊴
才开始发愤，努力读书籍。
他已年纪老，仍悔读书迟。
你们小学生，应及早深思。
又如老梁灏，年已八十二。㊵
在朝廷应对，盖过众学士。
他一举成名，众人都惊异。
你们小学生，应当早立志。
祖莹刚八岁，能填词写诗。㊶
李泌刚七岁，能作赋咏棋。㊷
他们很聪慧，众人都称奇。
你幼年学子，应向他学习。
汉末蔡文姬，能辨别琴音。㊸
东晋谢道韫，能作诗咏吟。㊹

他们是女子，却这样聪敏。
你是男子汉，自己要警惕。
唐朝小刘晏，年纪方七岁。⑤
被誉为神童，官封为正字。
他年龄虽小，却已身登仕。
你幼年读书，应好自为之。
只要有决心，也必然如是。
狗能够守夜，鸡能够报晨。
如果不学习，怎么能做人。
蚕能够吐丝，蜂能够酿蜜。
人若不学习，还不如兽禽。
少年要学习，壮年要实行。
上报效于君，下施恩于民。
能远扬名声，能显耀父母。
为祖上增光，为后代造福。
别人给儿孙，满箱的金银。

我教给儿孙，只有一本经。
勤奋有功绩，戏耍没效益。
必须多警惕，更要多勉励。

郑和像

五言注《三字经》注释

①孟母三迁：孟子幼时爱好模仿。邻居屠宰、丧葬之事他都学做。为此，孟母一再迁居，最后在一学堂旁定居，自此孟子专心读书。日后终于成为大儒，做了孔子的继承人。

②后晋燕山地区窦禹钧在教子上有好方法，教育五儿学有所成，扬名天下。

③这是古代"二十四孝故事"之一。黄香，汉代人，幼年知孝，夏日睡前扇凉父母枕席，冬天以身温热父母被褥，日后成为儿童的学习榜样。

④孔融：孔子后代，四岁时就知道谦让，与兄长分梨时，捡最小的。并表示："我是小弟，应要小的，诸兄年长，应要大的。"孔融后来以品德优而任北海太守。

⑤三才：天才、地才、人才。为"三才"。

⑥三光：日光、月光、星光。为"三光"。

⑦三纲：君为臣纲、父为子纲、夫为妻纲。为封建时代三种主要的道德关系。

⑧四时：春、夏、秋、冬，四个时令。

⑨四方：东、南、西、北，四个方位。

⑩五行：金、木、水、火、土。即五种常见的物质，古代认为这是构成万物的元素。

⑪五常：仁、义、礼、智、信。是古代含义广泛的道德观念。

⑫六谷：水稻、高粱、豆类、麦子、黍类、粟类。六种粮谷。

⑬六畜：马、牛、羊、鸡、狗、猪。六种牲畜。

⑭七情：喜、怒、哀、惧、爱、恶、欲。七种情态。

⑮八音：芦笙、土埙、鼓类、木鱼、石磬、钟铃、琴瑟、箫管。共有八种乐音。

⑯九族：高祖、曾祖、祖父、父亲、己身、儿子、孙子、曾孙、玄孙。自上而下称为九族。

⑰十义：父子、夫妇、兄弟、朋友、君臣。亦称五伦，古代伦理要求父慈、子孝，夫义、妇听，兄友、弟恭，朋谊、友信，君敬、臣忠。统称十义。

⑱四书：《论语》、《孟子》、《中庸》、《大学》称

20

四书。

⑲《论语》：是孔子弟子和门人记录的孔子的教导言论。

⑳《孟子》：儒家经典，宣传以仁义治天下，是为王道，反对以暴力治天下，是为霸道。作者是孟子及其弟子。

㉑《中庸》：儒家经典，中是不偏不倚，庸是永远不变。作者孔汲，又名子思，孔子之孙。

㉒《大学》：儒家经典，内容包括：格物、致知、诚意、正心、修身、齐家、治国、平天下。《大学》一书作者曾子。

㉓《孝经》：为孔门后人所著，论述封建孝道，宣传宗法思想。

㉔《六经》：为《诗经》《书经》《易经》《礼记》《春秋》和《乐经》。因《乐经》已失传，后改称五经。

㉕《易经》：《易经》原有三种，《连山易》《归藏易》两种已失传，只有《周易》流传，为周文王、周公旦和孔子著。

㉖《书经》：又称《尚书》，篇名有：典、谟、训、诰、誓、命。是奴隶社会典章文献的汇编。

㉗《周礼》：是记载先秦职官与典章制度的书。六部官职为：吏部天官、户部地官、礼部春官、兵部夏

官、刑部秋官、工部冬官。

㉘《礼记》：汉代名儒戴德（大戴）、戴圣（小戴）删定《礼记》，将周代贵族礼仪的言论编写成书，称为《礼记》。

㉙《诗经》：《诗经》有四种体裁，即：国风、大雅、小雅和颂，风主要是民歌、雅是贵族的诗歌、颂是朝廷典礼的颂歌。

㉚《春秋》：是孔子著的鲁国史书，书中文字简短，内容寓意褒贬、区别善恶。《公羊》、《左氏》、《穀梁》，均为解释补充《春秋》的书。

㉛子书：有《荀子》荀卿著、《法言》、《太玄》扬雄著、《中说》王通著、《道德经》老聃（老子一名李耳）著、《庄子》庄周著。统称"五子"。

㉜三皇：伏羲、神农、黄帝。号称三皇。

㉝二帝：唐尧、虞舜。号称二帝。

㉞三王：夏禹、商汤、周文武王。统称三王。

㉟春秋五霸：即齐桓公、晋文公、秦穆公、宋襄公、楚庄王。

㊱战国七雄：即齐、楚、燕、韩、赵、魏、秦。

㊲项橐：春秋时人，少年博学，七岁时孔子向其求教，以之为师。

㊳赵普：北宋时做过中书令，并三任宰相之职。

㊴苏老泉，即苏洵，二十七岁发愤读书，终成大

家，与其子苏轼、苏辙并称"三苏"。

⑩梁灏：生于五代时期，八十二岁考中状元，金殿对策时盖过群儒。

⑪祖莹：北齐时人，八岁时能咏诗词，十二岁出仕为官。

⑫李泌：唐朝人，七岁时能做文章，玄宗面试，人称奇童。

⑬蔡文姬：名琰，东汉时人，博学多才，能辨琴音。其父蔡邕被捕判处，蔡文姬于琴音中听出父亲死难。

⑭谢道韫：东晋时人，幼时聪敏好学，长于吟诗作对。曾作咏雪诗句，受到时人称赞。

⑮刘晏：唐朝人，七岁考中神童科，被授予校正文字的正字官。

司马迁发愤著史

23

大禹治水图

《三字经》原文

人之初　性本善
性相近　习相远
苟不教　性乃迁
教之道　贵以专
昔孟母　择邻处
子不学　断机杼
窦燕山　有义方
教五子　名俱扬
养不教　父之过
教不严　师之惰
子不学　非所宜
幼不学　老何为
玉不琢　不成器
人不学　不知义
为人子　方少时

亲师友　习礼仪
香九龄　能温席
孝于亲　所当执
融四岁　能让梨
弟于长　宜先知
首孝悌　次见闻
知某数　识某文
一而十　十而百
百而千　千而万
三才者　天地人
三光者　日月星
三纲者　君臣义
父子亲　夫妇顺
曰春夏　曰秋冬
此四时　运不穷

曰南北　曰西东
此四方　应乎中
曰水火　木金土
此五行　本乎数
曰仁义　礼智信
此五常　不容紊
稻粱菽　麦黍稷
此六谷　人所食
马牛羊　鸡犬豕
此六畜　人所饲
曰喜怒　曰哀惧
爱恶欲　七情具
匏土革　木石金
丝与竹　乃八音
高曾祖　父而身
身而子　子而孙
自子孙　至玄曾
乃九族　人之伦
父子恩　夫妇从
兄则友　弟则恭

长幼序　友与朋
君则敬　臣则忠
此十义　人所同
凡训蒙　须讲究
详训诂　明句读
为学者　必有初
小学终　至四书
论语者　二十篇
群弟子　记善言
孟子者　七篇止
讲道德　说仁义
作中庸　子思笔
中不偏　庸不易
作大学　乃曾子
自修齐　至平治
孝经通　四书熟
如六经　始可读
诗书易　礼春秋
号六经　当讲求
有连山　有归藏

有周易　三易详
有典谟　有训诰
有誓命　书之奥
我周公　作周礼
著六官　存治体
大小戴　注礼记
述圣言　礼乐备
曰国风　曰雅颂
号四诗　当讽咏
诗既亡　春秋作
寓褒贬　别善恶
三传者　有公羊
有左氏　有榖梁
经既明　方读子
撮其要　记其事
五子者　有荀扬
文中子　及老庄
经子通　读诸史
考世系　知终始
自羲农　至黄帝

号三皇　居上世
唐有虞　号二帝
相揖逊　称盛世
夏有禹　商有汤
周文武　称三王
夏传子　家天下
四百载　迁夏社
汤伐夏　国号商
六百载　至纣亡
周武王　始诛纣
八百载　最长久
周辙东　王纲坠
逞干戈　尚游说
始春秋　终战国
五霸强　七雄出
嬴秦氏　始兼并
传二世　楚汉争
高祖兴　汉业建
至孝平　王莽篡
光武兴　为东汉

四百年　终于献
魏蜀吴　争汉鼎
号三国　迄两晋
宋齐继　梁陈承
为南朝　都金陵
北元魏　分东西
宇文周　与高齐
迨至隋　一土宇
不再传　失统绪
唐高祖　起义师
除隋乱　创国基
二十传　三百载
梁灭之　国乃改
梁唐晋　及汉周
称五代　皆有由
炎宋兴　受周禅
十八传　南北混
辽与金　皆称帝
元灭金　绝宋世
帝中国　兼戎狄

九十年　国祚废
太祖兴　国大明
号洪武　都金陵
迨成祖　迁燕京
十七世　至崇祯
权阉肆　寇如林
至李闯　神器焚
清太祖　膺景命
靖四方　克大定
廿一史　全在兹
载治乱　知兴衰
读史者　考实录
通古今　若亲目
口而诵　心而唯
朝于斯　夕于斯
昔仲尼　师项囊
古圣贤　尚勤学
赵中令　读鲁论
彼既士　学且勤
披蒲编　削竹简

彼无书　且知勉
头悬梁　锥刺股
彼不教　自勤苦
如囊萤　如映雪
家虽贫　学不辍
如负薪　如挂角
身虽劳　犹苦卓
苏老泉　二十七
始发愤　读书籍
彼既老　犹悔迟
尔小生　宜早思
若梁灏　八十二
对大廷　魁多士
彼既成　众称异
尔小生　宜立志
莹八岁　能咏诗
泌七岁　能赋棋
彼颖悟　人称奇
尔幼学　当效之
蔡文姬　能辨琴

谢道韫　能咏吟
彼女子　且聪敏
尔男子　当自警
唐刘晏　方七岁
举神童　作正字
彼虽幼　身已仕
尔幼学　勉而致
有为者　亦若是
犬守夜　鸡司晨
苟不学　曷为人
蚕吐丝　蜂酿蜜
人不学　不如物
幼而学　壮而行
上致君　下泽民
扬名声　显父母
光于前　裕于后
人遗子　金满籯
我教子　唯一经
勤有功　戏无益
戒之哉　宜勉力

29

秦始皇阅简图

七言注《千字文》

天地混沌多幽远，宇宙苍茫大无边。
日月升降永循环，众星罗列在空间。
寒暑每年一往返，秋收万颗冬仓满。
十三个月为闰年，十二音律成乐篇。①
阴云密布天欲雨，朝露凝结便成霜
金沙江中淘黄金，昆仑山上产玉璋。②
古之良剑名巨阙，掌上明珠称夜光。③
李子苹果果中贵，鲜姜芥菜菜中王。
海水味咸河水淡，鱼能游泳鸟飞翔。
水中龙王火中神，鸟中彩凤人中皇。
史官仓颉造文字，大臣胡曹做衣裳。④
禅让帝位公天下，唐尧虞舜美名扬。

商汤兴师伐夏桀，武王起兵灭纣王。
天子坐朝问政事，礼贤下士求圣良。
爱护百姓最重要，臣服异族有戎羌。
远近各地成一体，周边各国都归王。
凤鸟生在竹林里，驹马养在草场中。
大地育化草木长，四方万物赖以生。
身体发肤父母给，四大五常要记牢。⑤
保养身体是孝道，不可毁伤一毫毛。
做女要做贞洁女，做男要做才子郎。
既知过错就要改，学到知识莫忘光。
他人缺点不议论，自己优点不标榜。
人言为信可验证，气度宽广不可量。
墨子不忍丝帛染，诗经赞颂小羔羊。
古代圣贤须敬仰，克制欲念学榜样。
道德建立名声扬，形貌端庄气宇昂。
空谷声音传的远，空屋说话听的详。
多做坏事招祸患，多做好事增吉祥。
玉璧再大不为贵，光阴再短莫空放。

32

供养父母侍奉君，必须严肃和恭敬。
竭尽全力尽孝道，贡献生命献忠心。
如临深渊走薄冰，早晚关怀寒暑侵。
好像惠兰之芳香，好像松柏之常青。
江河流水不止息，清澈潭水能照人。
容貌举止若有思，言语安详文质彬。
孝顺父母诚可贵，有始有终更可敬。
名誉大事是根本，声誉狼藉无地容。
学业优良可任职，取得功名可从政。
在时与人关系好，离去令人记心中。
音乐分出人贵贱，礼仪区别位高低。
上边和气下边敬，丈夫唱歌妻子随。
在外尊师受教育，在家孝母懂礼仪。
伯父叔父与姑母，疼你就像疼儿女。
关怀哥哥和弟弟，本是同气连理枝。
交往朋友要知己，互相学习和勉励。
仁慈宽厚恻隐心，仓促之时不能离。
忠孝节义退让志，颠沛之际不能亏。

性格沉静心情好，心情浮躁精神坏。
保持纯洁意志坚，追求物质意志衰。
高雅情操须坚持，美好职位自相随。
古代中国有都城，称为东京和西京。⑥
背靠邙山面洛水，左有渭河右有泾。
宫殿建筑层次明，楼台壮观令人惊。
珍禽异兽图上画，神仙天女画中行。
宫室房舍一幢幢，神厨帐幔一层层。
大摆宴席杯盏举，弹琴吹笙管弦鸣。
升上高阶入宝座，文官武士如群星。
右通书房广内阁，左通侧殿承明宫。⑦
既有图书和典籍，又有众官和群英。
杜度草书钟繇隶，满室书简满壁经。⑧
皇宫王府多将相，出巡路上有公卿。
一户受封八个县，一家就给千余兵。
高官显贵陪鸾驾，催车赴任振冠缨。
世代为官享富贵，轻车肥马家道盈。
丰功伟绩入史册，树碑立传扬美名。

渭水姜尚和伊尹，同为宰相称阿衡。⑨
建宫曲阜是成王，得力功臣是周公。⑩
匡正王国齐桓公，扶持弱小救济穷。
绮里辅佐汉惠帝，傅说效忠殷高宗。
众多贤才齐效力，天下方能得安宁。
晋楚两国争霸业，赵魏两国起刀兵。
晋王借路灭虢国，践土为宫会同盟。⑪
萧何遵守三约法，韩非败在繁苛刑。
白王廉李四大将，打仗用兵最精通。⑫
威名远扬沙漠地，画像悬在阁院中。
大禹足迹遍九州，秦皇麾师并百城。
五岳之首为泰山，封禅之地在云亭。⑬
山西雁门与紫塞，西北鸡田和赤城。⑭
云南滇池至碣石，山东钜野到洞庭。⑮
原野广阔渺渺茫，山峦叠嶂郁郁丛。
治国之本在于农，春耕秋收不放松。
自己耕耘南亩地，播种黍米和谷粮。
谷黍新熟交贡赋，论功行赏赏罚详。

孟轲忠诚最淳朴，史鱼真实最耿直。[16]
圣贤坚守中庸道，谦虚谨慎为人师。
听其音来察其理，看其貌来辨其色。
留给后人以美德，使其成长益壮苗。
检点自身勤责问，宠惯促成违抗心。
面对耻辱须容忍，归隐林泽能修身。
太傅少傅齐隐退，解职去官无人催。
独居闲散无正事，清静无为不空虚。
追古寻源找论据，消闲解闷有情趣。
追求欢乐忘忧愁，离群独处有知己。
渠水荷花多艳丽，草莽发芽抽新条。
枇杷入夏方翠绿，梧桐入秋已零凋。
树根枯萎变陈腐，树叶脱落任飘摇。
鹍鹤遨游独自去，凌空展翅摩云霄。
乐于读书去书坊，饱览群书勿遗忘。
细小之事应谨慎，隔墙有耳需提防。
准备就餐去膳房，美味适口充肚肠。
腹饱不愿尝珍馐，肚饿方能食糟糠。

亲戚朋友同欢聚，老幼分餐不一样。
姬妾纺纱织云锦，婢仆侍奉在闺房。
细绢团扇多雅致，灯烛闪耀多辉煌。
昼寝夜眠在卧室，蓝笋竹席象牙床。
管弦歌舞酒宴摆，推杯换盏饮杜康。
举臂投足婆娑舞，心情舒畅身健壮。
子孙后代莫遗忘，祭祀祖先谢上苍。
叩首跪拜头触地，表示诚恐和诚惶。
文书信件应简要，答复提问要尽详。
身体肮脏要洗浴，天气炎热想乘凉。
驴骡牛马应畜养，奔腾跳跃勿惊慌。
消灭匪盗除后患，逮捕叛徒追逃亡。
吕布善射宜僚丸，嵇康弹琴阮籍啸。[17]
蒙恬造笔蔡伦纸，马钧手巧任善钓。[18]
解决困难利于民，各有千秋尽其妙。
毛嫱西施美绝伦，蹙颦一笑人倾倒。[19]
光阴似箭催人老，晨霞朝晖多光耀。
夜空众星空转去，月落余晖回光照。

37

修身养性福分高，永保平安有吉兆。
迈步引领来观看，瞻仰殿堂和廊庙。
正冠束带整衣袍，仪态从容细观瞧。
孤陋寡闻见识浅，无知之辈受讥诮。
汉语助词用途广，之乎者也真奇妙。[20]

王安石发愤读书

韩非造像

七言注《千字文》注释

①古时把音乐分为十二律，其中包括六律和六吕。

②云南金沙江古称丽水，昆仑山古称昆冈。

③巨阙为春秋越国宝剑名，夜光是最名贵的珍珠名。

④传说黄帝时史官仓颉创造文字，大臣胡曹始做衣裳。

⑤古时所谓四大包括两种：一种无知觉，即身外四大，为地、水、火、风。一种有知觉，即身内四大：骨肉为地、血液为水、脉气为火、转动为风。所谓五常即：仁、义、礼、智、信。

⑥东京指河南洛阳，临近邙山、洛水；西京指陕西西安，临近渭河、泾河。

⑦广内阁为汉朝皇宫藏书之所。承明宫为汉朝侍臣起居之处。

⑧东汉著名书法家杜度的草书，人称杜稿；三国著名书法家钟繇的隶书，人称钟隶。

⑨姜尚，字子牙，乃周之贤相，曾辅佐武王灭商纣。伊尹，乃商之贤相，曾辅佐商汤灭夏桀，官名阿衡。

⑩武王之弟周公，辅佐幼主成王，定居曲阜，治理天下。

⑪虢国，在今山西平陆。晋国用计，以借路为名突然袭击，灭了虢国。践土，地名，在今河南荥泽。晋国打败楚兵后，在践土建宫会合同盟。

⑫白起、王翦，战国秦将，履战获捷，平定赵蓟，大破齐燕。廉颇、李牧，战国赵将，曾破匈奴，又破秦军。

⑬泰山又称岱宗，位于山东泰安。云亭是泰山旁的小山，是帝王封禅之处。

⑭雁门指雁门关，在山西代县西北。鸡田指鸡田州，在宁夏灵武县。

⑮滇池：即昆明池，在云南昆明；碣石即马谷山，在山东无棣。钜野即大野泽，在山东钜野；洞庭即洞庭湖，在湖南岳阳。

⑯孟轲：即孟子，为孔丘门徒。史鳅字子鱼，为卫国大夫。

⑰吕布辕门射戟，解刘备之危；熊宜僚善弄丸，为杂技手法。嵇康善弹琴；阮籍会口哨，三国时的隐士，竹林七贤之一。

⑱蒙恬，秦朝之大将，善于制毛笔；蔡伦，东汉桂阳人，改进造纸术。

⑲毛嫱，春秋越王美姬；西施，春秋吴王爱妃。

⑳之乎，者也矣焉哉，为语助词无意义。

成吉思汗像

玄奘

包拯秉公执法

《千字文》原文

天地玄黄　　果珍李柰　　爱育黎首
宇宙洪荒　　菜重芥姜　　臣伏戎羌
日月盈昃　　海咸河淡　　遐迩一体
辰宿列张　　鳞潜羽翔　　率宾归王
寒来暑往　　龙师火帝　　鸣凤在竹
秋收冬藏　　鸟官人皇　　白驹食场
闰余成岁　　始制文字　　化被草木
律吕调阳　　乃服衣裳　　赖及万方
云腾致雨　　推位让国　　盖此身发
露结为霜　　有虞陶唐　　四大五常
金生丽水　　吊民伐罪　　恭惟鞠养
玉出昆冈　　周发殷汤　　岂敢毁伤
剑号巨阙　　坐朝问道　　女慕贞洁
珠称夜光　　垂拱平章　　男效才良

知过必改　　孝当竭力　　上和下睦
得能莫忘　　忠则尽命　　夫唱妇随
罔谈彼短　　临深履薄　　外受傅训
靡恃己长　　夙兴温清　　入奉母仪
信使可复　　似兰斯馨　　诸姑伯叔
器欲难量　　如松之盛　　犹子比儿
墨悲丝染　　川流不息　　孔怀兄弟
诗赞羔羊　　渊澄取映　　同气连枝
景行维贤　　容止若思　　交友投分
克念做圣　　言辞安定　　切磨箴规
德建名立　　笃初诚美　　仁慈隐恻
形端表正　　慎终宜令　　造次弗离
空谷传声　　荣业所基　　节义廉退
虚堂习听　　籍甚无竟　　颠沛匪亏
祸因恶积　　学优登仕　　性静情逸
福缘善庆　　摄职从政　　心动神疲
尺璧非宝　　存以甘棠　　守真志满
寸阴是竞　　去而益咏　　逐物意移
资父事君　　乐殊贵贱　　坚持雅操
曰严与敬　　礼别尊卑　　好爵自縻

46

都邑华夏
东西二京
背邙面洛
浮渭据泾
宫殿盘郁
楼观飞惊
图写禽兽
画彩仙灵
丙舍傍启
甲帐对楹
肆筵设席
鼓瑟吹笙
升阶纳陛
弁转疑星
右通广内
左达承明
既集坟典
亦聚群英
杜稿钟隶
漆书壁经

府罗将相
路侠槐卿
户封八县
家给千兵
高冠陪辇
驱毂振缨
世禄侈富
车驾肥轻
策功茂实
勒碑刻铭
磻溪伊尹
佐时阿衡
奄宅曲阜
微旦孰营
桓公匡合
济弱扶倾
绮回汉惠
说感武丁
俊乂密勿
多士实宁

晋楚更霸
赵魏困横
假途灭虢
践土会盟
何遵约法
韩弊烦刑
起翦颇牧
用军最精
宣威沙漠
驰誉丹青
九州禹迹
百郡秦并
岳宗泰岱
禅主云亭
雁门紫塞
鸡田赤城
昆池碣石
钜野洞庭
旷远绵邈
岩岫杳冥

治本于农
务兹稼穑
俶载南亩
我艺黍稷
税熟贡新
劝赏黜陟
孟轲敦素
史鱼秉直
庶几中庸
劳谦谨勅
聆音察理
鉴貌辨色
贻厥嘉猷
勉其祗植
省躬讥诫
宠增抗极
殆辱近耻
林皋幸即
两疏见机
解组谁逼

索居闲处
沉默寂寥
求古寻论
散虑逍遥
欣奏累遣
戚谢欢招
渠荷的历
园莽抽条
枇杷晚翠
梧桐早凋
陈根委翳
落叶飘摇
游鹍独运
凌摩绛霄
耽读玩市
寓目囊箱
易輶攸畏
属耳垣墙
具膳餐饭
适口充肠

饱饫烹宰
饥厌糟糠
亲戚故旧
老少异粮
妾御绩纺
侍巾帷房
纨扇圆洁
银烛炜煌
昼眠夕寐
蓝笋象床
弦歌酒宴
接杯举觞
矫手顿足
悦豫且康
嫡后嗣续
祭祀蒸尝
稽颡再拜
悚惧恐惶
笺牒简要
顾答审详

骸垢想浴
执热愿凉
驴骡犊特
骇跃超骧
诛斩贼盗
捕获叛亡
布射僚丸
嵇琴阮啸
恬笔伦纸
钧巧任钓

释纷利俗
并皆佳妙
毛施淑姿
工颦妍笑
年矢每催
曦晖朗曜
璇玑悬斡
晦魄环照
指薪修祜
永绥吉劭

矩步引领
俯仰廊庙
束带矜庄
徘徊瞻眺
孤陋寡闻
愚蒙等诮
谓语助者
焉哉乎也

49

孔子杏坛讲学

五言注《弟子规》

学生的规则，圣贤的教训，
先做到孝悌，再做到谨信。
要爱护人民，要亲近师尊，
要努力学习，数理和语文。
父母呼叫你，答应勿缓慢，
父母命令你，行动不懒散。
父母教育你，须恭心敬听，
父母责罚你，要虚心服从。
冬天需温暖，夏天需冷清，
温度要适当，这才是孝敬。
出门需告知，返回需面见，

居家有定点，事业不常变。
问题虽不大，不擅自所为，
如为所欲为，做人子心亏。
物件虽不大，不私自收藏，
如据为己有，令亲人心伤。
亲人的爱好，努力要做到，
亲人的厌恶，尽力要除掉。
身体有伤害，使亲人烦忧，
德性有损失，使亲人蒙羞。
亲人疼爱我，我孝有何难，
亲人厌弃我，我孝方为贤。
亲人有过失，建议他改正，
要和颜悦色，要细语柔声。
建议他不听，好言再相劝，
声泪将他感，打骂亦无怨。
亲人有疾患，煎药我先尝，

昼夜勤扶侍，终日不离床。
亲人丧三年，心中常悲切，
居处要俭约，酒肉要谢绝。
丧事尽礼节，祭祀尽恳诚，
对待亲人死，如同亲人生。
兄对弟友爱，弟对兄恭敬，
和睦的家庭，孝悌在其中。
财物看得轻，怨气从何生，
言语多忍让，怒气自然平。
饮茶或用餐，坐立或行走，
长者应在前，幼者应在后。
长者呼某人，即应代呼叫，
某人如不在，自己先报到。
称呼尊长时，不要呼其名，
面对尊长时，不要显你能。
路上遇尊长，急向前致敬，

尊长不开言，可后退立等。
骑马应下鞍，乘车应下座，
尊长过去后，你再走即可。
长者站立时，幼者不应坐，
长者入座后，让你座再坐。
在尊长面前，说话声要低，
低声不可闻，却也不相宜。
进前要快步，退后要慢行，
问答对话时，目光不可移。
对年老长辈，敬重如父亲，
对年轻长者，尊重如兄长。
清晨起床早，夜晚睡眠迟，
人生老易至，劝你惜此时。
晨起先梳洗，刷牙并漱口，
大小便之后，必须要洗手。
帽子要戴正，纽扣要结好，

袜子要穿牢，鞋子要系好。
鞋帽和服装，放置有定位，
不可乱堆放，不使变肮脏。
衣服重洁净，穿衣不华贵，
大人重身份，少年免浪费。
少年对饮食，不要拣样挑，
食适可而止，不要太过饱。
奉劝年少时，不要学饮酒，
饮酒容易醉，酒醉能出丑。
步行要从容，站立要端正，
行礼要规范，叩拜要恭敬。
不要踏门槛，不要侧歪身，
不要岔开腿，不要摇大臀。
缓缓掀窗帘，免得出大声，
行路转大弯，免得乱触碰。
手执是空盆，就像拿满桶，

进入无人屋，如入人群中。
遇事不要忙，忙中易出错，
不怕困难多，就怕易忽略。
打闹的场合，坚决不要进，
邪僻的事物，绝对不要问。
将入某室门，要问可有人，
将入某厅堂，必须声音扬。
人问谁之时，对以姓和名，
只说一个我，回答不分明。
使用人家物，要当面求借，
如私下拿取，那就是偷窃。
借用人家物，必须及时还，
日后有急用，再借也不难。
人开口说话，信字最重要，
诈言与妄语，统统都去掉。
平时说话多，不如说话少，

有益话多说，无用话要少。
伤人奸巧语，骂人秽污词，
都属市井气，必须切戒之。
未见真实情，不要轻言传，
真相未大白，不可随便谈。
情况不了解，不知善与恶，
如果轻许诺，进退都是错。
讲话有重点，事件说清楚，
不要太急躁，不要太模糊。
张三说是长，李四说是短，
不关你的事，不用你来管。
见别人行善，我专心学习，
现在相差远，早晚与他齐。
见别人作恶，我内心反省，
如有则改之，如无则加警。
只有德行中，还有才艺上，

自己不如人，努力来赶上。
不应比饮食，不应比服装，
比不上他人，不必放心上。
你如闻过怒，还有闻誉乐，
必有损友来，必有益友去。
你如闻誉恐，还有闻过欣，
必有好友来，必有恶友去。
无心做坏事，称他是犯错，
有意做坏事，称他本性恶。
过错能够改，改了等于无，
反之想掩饰，罪责增一筹。
人与人之间，皆需有博爱，
你我天同覆，大家地同载。
行为高尚者，名声自然高，
被人们尊重，并非相貌高。
才学最大者，名望自然大，

为人所敬服，不是口头夸。
自己有能耐，要大公无私，
别人有能耐，咱虚心学习。
勿谄媚富人，勿歧视穷人，
勿厌弃故旧，勿只喜新奇。
人家不得闲，不要再添乱，
人家闹家务，不要多插言。
人家有短处，切莫给揭穿，
人家有私密，切莫乱胡言。
你说人家善，人家确是善，
如此鼓励他，使之更思勉。
你道此人恶，此人就是恶，
这样激怒他，使他更惹祸。
有善巧方便，有德大家建，
有过不规劝，道义两亏欠。
赠送与索取，双方都同意，

赠送宜偏高，索取应较低。
将要强加人，先问问自己，
如果我不愿，何必向人提。
知恩要图报，怨恨要遗忘，
报怨时间短，报恩时间长。
对下级工友，你是父母官，
虽然姿态高，但应慈而宽。
如以势服人，对方心不然，
如以理服人，别人方无言。
同是一群人，分类心不齐，
下流低俗有，良善仁者稀。
如果遇仁者，人们多畏惧，
出言不避讳，办事最实际。
能亲近仁字，前途无限好，
品德进步多，过失日渐少。
如果不亲仁，要受无数害，

离小人越近，好事都办坏。
不身体力行，但还要学文，
只能长浮华，能成什么人。
如力行有恒，但不学文化，
凭自己见地，使真理退化。
古人读书法，要遵循三到，
心眼口要勤，信心也重要。
刚刚读此书，又想另一册，
此书未读完，不宜读下册。
计划要订好，时间要抓紧，
只要功夫深，铁杵磨成针。
心中有疑虑，手中有札记，
多请教别人，以解决问题。
一要房室清，二要墙壁净，
三要几案洁，四要笔砚正。
如果墨磨偏，说明心不端，

写字不规正，说明心有病。
典籍陈列好，次序排列齐，
阅毕放原处，再找没问题。
虽有急事办，书卷摆放齐，
如果缺损页，及时补换齐。
不是圣贤书，摒弃不可视，
蒙蔽你聪明，伤害你心志。
勿自暴自弃，要奋发有为，
圣贤是榜样，要我紧跟随。

魏征进谏唐王

《弟子规》原文

弟子规　圣人训　首孝悌　次谨信
泛爱众　而亲仁　有余力　则学文
父母呼　应勿缓　父母命　行勿懒
父母教　须敬听　父母责　须顺承
冬则温　夏则清　晨则省　昏则定
出必告　返必面　居有常　业无变
事虽小　勿擅为　苟擅为　子道亏
物虽小　勿私藏　苟私藏　亲心伤
亲所好　力为具　亲所恶　谨为去
身有伤　贻亲忧　德有伤　贻亲羞
亲爱我　孝何难　亲憎我　孝方贤
亲有过　谏使更　怡吾色　柔吾声

谏不入　悦复谏　号泣随　挞无怨
亲有疾　药先尝　昼夜侍　不离床
丧三年　常悲咽　居处辨　酒肉绝
丧尽礼　祭尽诚　事死者　如事生
兄道友　弟道恭　兄弟睦　孝在中
财勿亲　怨何生　言语忍　忿启泯
或饮食　或坐走　长者先　幼者后
长人呼　即代叫　人不在　己先到
称尊长　勿呼名　对尊长　勿见能
路遇长　疾趋揖　长无言　退恭立
骑下马　乘下车　过犹待　白步余
长者立　幼勿坐　长者坐　命乃坐
尊长前　声要低　低不闻　却非宜
进必趋　退必迟　问起对　视勿移
事诸父　如事父　事诸兄　如事兄
朝起早　夜眠迟　老易至　惜此时
晨必盥　兼漱口　便溺回　辄净手
冠必正　纽必结　袜与履　俱紧切
置冠服　有定位　勿乱顿　致污秽
衣贵洁　不贵华　上循分　下称家

对饮食　勿拣择　食适可　勿过则
年方少　勿饮酒　饮酒醉　最为丑
步从容　立端正　揖深圆　拜恭敬
勿践阈　勿跛倚　勿箕踞　勿摇髀
缓揭帘　勿有声　宽转弯　勿触棱
执虚器　如执盈　入虚室　如有人
事勿忙　忙多错　勿畏难　勿轻略
斗闹场　绝勿近　邪僻事　绝勿问
将入门　问孰存　将上堂　声必扬
人问谁　对以名　吾与我　不分明
用人物　须明求　倘不问　即为偷
借人物　即时还　人借物　有勿悭
凡出言　信为先　诈与妄　奚可焉
话说多　不如少　惟其是　勿佞巧
刻薄语　秽污词　市井气　切戒之
见未真　勿轻言　知未的　勿轻传
事非宜　勿轻诺　苟轻诺　进退错
凡道字　重且舒　勿急疾　勿模糊
彼说长　此说短　不关己　莫闲管
见人善　即思齐　纵去远　以渐跻

66

见人恶　即内省　有则改　无加警
惟德学　惟才艺　不如人　当自励
若衣服　若饮食　不如人　勿生戚
闻过怒　闻誉乐　损友来　益友却
闻誉恐　闻过欣　直谅士　渐相亲
无心非　名为错　有心非　名为恶
过能改　归于无　倘掩饰　增一辜
凡是人　皆须爱　天同覆　地同载
行高者　名自高　人所重　非貌高
才大者　望自大　人所服　非言大
己有能　勿自私　人有能　勿轻訾
勿谄富　勿骄贫　勿厌故　勿喜新
人不闲　勿事搅　人不安　勿话扰
人有短　切莫揭　人有私　切莫说
道人善　即是善　人知之　愈思勉
扬人恶　即是恶　疾之甚　祸且作
善相劝　德皆建　过不规　道两亏
凡取与　贵分晓　与宜多　取宜少
将加人　先问己　己不欲　即速已
恩欲报　怨欲忘　报怨短　报恩长

待婢仆　身贵端　虽贵端　慈而宽
势服人　心不然　理服人　方无言
同是人　类不齐　流俗众　仁者稀
果仁者　人多畏　言不讳　色不媚
能亲仁　无限好　德日进　过日少
不亲仁　无限害　小人近　百事坏
不力行　但学文　长浮华　成何人
但力行　不学文　任己见　昧理真
读书法　有三到　心眼口　信皆要
方读此　勿慕彼　此未终　彼勿起
宽为限　紧用功　工夫到　滞塞通
心有疑　随札记　就人问　求却义
房室清　墙壁净　几案洁　笔砚正
墨磨偏　心不端　字不敬　心先病
列典籍　有定处　读看毕　还原处
虽有急　卷束齐　有缺坏　就补之
非圣书　屏勿视　蔽聪明　坏心志
勿自暴　勿自弃　圣与贤　可驯致

《廿四孝》

《廿四孝》是我国自古流传下来的孝亲故事。共有二十四个动人的典型事例，是元代郭居敬编写的。目的用以教训儿童、培育青年，使之成为儒家的继承者，成为仁孝之人。孝悌是仁之本，是我国优良的文化传统，现将这些故事简化为七言诗歌，便于了解和参照，由于原著成书很早，封建迷信在所难免，有的内容值得参阅，有的并不实用，读者自能分辨。

一、孝感动天
虞舜至孝感动天，　　大象飞鸟助耕田，
帝尧闻之欲禅让，　　赏赐二女和九男。

二、戏采娱亲
老莱子，七十七，　　常穿五彩斑斓衣，
做婴儿戏学儿啼，　　双亲大笑满庭晖。

三、鹿乳奉亲
剡子父母思鹿乳，　　身着皮衣入鹿群，
猎者见状颇惊异，　　"我取鹿乳为亲人"。

四、为亲负米
子路家贫食藿藜，　　为亲负米行百里，
亲殁游楚身己荣，　　不需负米食藿藜。

五、啮指心痛
曾参孝母常采薪，　　家有客至母啮指，
参忽心痛负薪归，　　母子连心有感知。

六、单衣后母

子骞后母心毒辣，　　亲生棉絮后芦花，
鞭打芦花父震怒，　　代母求情"饶恕她"。

七、亲尝汤药

刘恒生母病三载，　　衣不解带侍在旁，
仁孝之名满天下，　　汤药必须亲自尝。

八、拾葚供养

蔡顺家贫葚充饥，　　黑者奉母赤自需，
路遇赤眉感其孝，　　赠送牛肉和白米。

九、为母埋儿

郭巨有子还有母，　　家贫缺粮无以煮，
决心埋儿为养母，　　不料掘得金一釜。

十、卖身葬父

董永葬父卖自身，　　路遇仙姬愿成亲，
男耕女织偿所欠，　　从此获得自由身。

十一、刻木事亲

丁兰思亲刻木偶，　　供奉参拜似生时，
兰妻锥刺偶垂泪，　　不孝之妻应除之。

十二、涌泉跃鲤

姜诗孝母奉江鲤，　　逐日往返六七里，
忽传宅侧现涌泉，　　日跃双鲤供拾取。

十三、怀橘遗亲

六岁陆绩见袁术，　　临别坠地橘二枚，
"吾母所爱欲携归"，　　主人闻之大称奇。

十四、扇枕温衾

黄香九岁懂孝道，　　夏捐枕席冬暖衾，
如此孝行传天下，　　称之古来第一人。

十五、行佣供母

江革逃难背负母，　　数遇乱贼不肯杀，
行佣劳作供母需，　　孝子之名人人夸。

十六、闻雷泣墓

王裒事亲性至孝，　　　母性怕雷葬于林，
逢雷奔至墓葬地，　　　"母亲勿惧儿伴您"。

十七、哭竹生笋

孟宗丧父母已老，　　　冬日思笋为治病，
宗往竹林抱竹泣，　　　须臾竹裂笋遍生。

十八、卧冰求鲤

王祥继母欲食鱼，　　　天寒地冻无处求，
解衣卧冰冰自裂，　　　双鲤跃出解忧愁。

十九、扼虎救父

黄香随父山中行，　　　猛虎啮父黄香惊，
奋力向前扼虎颈，　　　靡然虎逝父得生。

二十、恣蚊饱血

吴猛家贫无帐帷，　　　蚊多攒肤不敢挥，
唯恐飞去噬老父，　　　哪怕己身蚊成堆。

廿一、尝粪忧心
黔娄弃官探父病，　　亲尝粪便知不妙，
愿求以身代父死，　　父母恩情永难报。

廿二、乳姑不怠
祖母年老已无齿，　　栉洗哺乳靠子媳，
真孝顺是崔家妇，　　后辈子女应学习。

廿三、亲涤溺器
元祐太史黄庭坚，　　奉母尽诚心至孝，
亲自为母洗溺器，　　不怕脏累和屎尿。

廿四、弃官寻母
寿昌七岁离生母，　　别离参商五十年，
一旦他日得相见，　　寿昌年已七十三。

附录：《新廿四孝》

"新廿四孝"在呼唤儿女心。原有的"廿四孝"在我国已流传了数百年，百善孝为先，首先做到孝悌，然后才是忠信，才是礼义、廉耻。如今我国进入老年社会，更需敬老、爱老、助老，新的时代同样是孝，只是践行孝道的方式不同。我们关注父母不仅在物质上，关注父母的内心更是孝的核心。现将"新廿四孝"行动标准以五言诗歌形式列出，以供参阅。

《新廿四孝》行动标准

1. 陪爱人孩子　常回家看看
2. 节假日尽量　与父母团圆
3. 为二老举办　生日小家宴
4. 亲自为爹娘　烧茶并做饭
5. 每周给爹妈　打电话问安
6. 按月要提供　双亲零花钱
7. 为父母建立　关爱卡档案
8. 要仔细聆听　二老话当年
9. 给爹娘补课　电脑上网班
10. 经常为爹妈　拍照留纪念
11. 对双亲的爱　要直接面谈
12. 打开父母的　心结和所愿
13. 支持二老的　爱好和习惯
14. 支持单身的　爹娘的婚恋

15. 定期为爹妈　全面做体验
16. 为双亲购买　合适的保险
17. 常跟父母做　交心的畅谈
18. 带二老参观　重要的展览
19. 请父母观览　你工作地点
20. 带爹娘旅行　或故地游览
21. 和爸妈一起　做体操锻炼
22. 要适当参与　老年活动站
23. 陪双亲拜访　他的老朋友
24. 陪父母观看　精彩的公演

（2012 年 8 月发布《新廿四孝》行动标准，现改五言
便于学用）

《新廿四孝》行动标准原文

1. 经常带着爱人、孩子回家。
2. 节假日尽量与父母共度。
3. 为父母举办生日宴会。
4. 亲自给父母做饭。
5. 每周给父母打个电话。
6. 父母的零花钱不能少。
7. 为父母建立"关爱卡"。
8. 仔细聆听父母的往事。
9. 教父母学会上网。
10. 经常为父母拍照。
11. 对父母的爱要说出口。
12. 打开父母的心结。
13. 支持父母的业余爱好。
14. 支持单身父母再婚。

15. 定期带父母做体验。

16. 为父母购买合适的保险。

17. 常跟父母做交心的沟通。

18. 带父母一起出席重要的活动。

19. 带父母参观你工作的地方。

20. 带父母去旅行或故地重游。

21. 和父母一起锻炼身体。

22. 适当参与父母的活动。

23. 陪父母拜访他们的老朋友。

24. 陪父母看一场老电影。

当前，全国妇联老龄工作协调办、全国老龄办等单位共同发布新版"廿四孝"行动标准引起了全国人的热议，认识到：关注父母内心是孝的核心。

后　记

冯式一同志：

幼时上私塾，《三字经》能背诵，但不懂。几十年未再想它。读了你的译文，原来内容如此丰富，竟是古时一部儒家的袖珍百科全书。你的译文，明白晓畅，通俗易懂，而且押韵，和谐上口。应是意译，不要求直译，极少不够准确之处，再推敲润色，必更完美。

目前，有些学校或家长，让学生读《三字经》，以此课本为辅必大有好处。

　　即颂

夏安

国正[1]

零六年五月

---

[1]刘国正，笔名刘征，著名诗人，擅长书画，多年在人民教育出版社从事编审工作，为中华诗词学会名誉会长。